簡化太極拳 1

陳式太極拳十三式

陳正雷／編著

大展出版社有限公司

作者簡介

　　陳正雷，1949 年 5 月生於河南省溫縣陳家溝，陳氏十九世，太極拳第十一代嫡系傳人。現任河南省武術管理中心副主任、河南省武術協會副主席，國家武術高級教練，「中國當代十大武術名師」之一。

　　陳正雷自小跟隨其伯父太極拳大師陳照丕學練太極拳、各種太極器械和推手，後又隨太極大師陳照奎繼續深造，功底頗深。1972 年開始傳拳授藝，學生遍及世界各地。主要著作有《十大功法論》《陳氏太極拳械匯宗》《陳氏太極拳養生功》《陳氏太極拳術》等，同時出版三十幾部教學片，其中部分著作和教學片被譯成日、英、法、西班牙等國文字，在世界許多國家發行。

編者的話

　　太極拳是在中華民族博大精深的傳統文化中孕育、產生和發展起來的一種拳術，在我國有著廣泛和深厚的群眾基礎。特別是太極拳的修身養性、強身健體和祛病延年的功效，吸引了千千萬萬的愛好者，並透過習練而從中獲益。

　　在現代社會經濟高速發展的快節奏生活中，太極拳運動更有著不可低估的價值，它有利於練習者養成良好的生活習慣，增強自信，增進健康，緩解各種壓力，建立良好的人際關係，從而提升生活質量。為此，我社特邀目前國內太極拳六大門派的重要代表人物和傳人，編寫了這套簡化太極拳十三式叢書。

　　本著簡便、易行、有效的原則，這套叢書在保持了傳統套路的練習方法和練功要求的基礎上，對傳統套路順序的安排進行了精心選

編，選取了傳統套路中有代表性的動作，旣合理科學，又簡便易學，並縮短了整個套路的練習時間，便於學練者掌握和練習。

由這套叢書的出版，我們衷心祝願廣大太極拳愛好者能夠堅持不懈、提高技藝、怡情益智，以飽滿的精神和充沛的體力投入學習和工作中，去享受生活的樂趣。

書中的技術動作由陳正雷先生演示。

目　　錄

陳式太極拳概要

一、陳式太極拳的特點和
　　動作要領

（一）外若處女，內似金剛

　　陳式太極拳注重意念引導動作，要求以意導氣，以氣運身。內氣不動，外形寂然不動；內氣一動，外形隨氣而動；以內氣推動外形，以腰為軸，節節貫穿，不丟不頂，圓轉自如，輕輕運轉，默默停止。其攻防含義大都隱於內而不顯於外。透過持久的練習，逐步達到內氣充盈，意到氣到，氣到勁到，若遇勁敵，則內勁猝發，如迅雷烈風，摧枯拉朽。

（二）使武術與導引吐納相結合

導引和吐納是我國傳統的優秀養生術，注重動作和呼吸的配合。陳式太極拳把武術中的手、眼、身法、步與導引、吐納有機地結合在一起，使陳式太極拳成為內外統一、寓健身和防身於一體的優秀拳種。

練習時，要求意識、呼吸和動作三者密切結合為一體，這對於增強體質、提升技擊水準都有明顯效果。

（三）獨特的運動方式
————纏絲勁

纏絲勁是陳式太極拳獨特的運勁方式，拳勢動作採用螺旋纏絲式的伸縮旋轉，要求以意導氣，以氣運身，氣遍身軀，內氣發於丹田，以腰為軸，由旋腰轉脊，上行為轉膀旋腕，下行為轉膝旋踝，節節貫穿而達於四梢，復歸丹田。

纏絲勁的運勁方法，經過持久鍛鍊，在技

擊上可以以小力勝大力，引進落空，蓄發互變，四兩撥千斤。拳論所謂「虛籠詐誘，只為一轉」，講的正是纏絲勁的功用。

（四）陳式太極拳的剛柔相濟

陳式太極拳將剛和柔這一矛盾統一於整個拳架之中，一招一勢剛中寓柔，柔中寓剛，經過持久的練習，可達到剛柔相濟的高級境界。從技擊的角度講，純剛和純柔都無實用價值，剛而無柔因缺乏韌性而易折易損，柔而不剛因缺乏爆發勁而難臨強敵。正如拳論指出的那樣：「用剛不可無柔，無柔則環繞不速；用柔不可無剛，無剛則催迫不捷。剛柔相濟，則黏、沾、連、隨、騰、閃、折、空、掤、捋、擠、按，無不得其自然矣。剛柔不可偏用，用武豈可忽耶！」

練拳時隱為柔顯則為剛，合為柔開則為剛，蓄為柔發則為剛，由剛柔的不斷變換，進而達到剛柔相濟的境界，取得蓄發互變、黏走相生和化打合一的效果。

二、對身體各部位姿勢的要求

（一）頭頸部

拳論認為「頭為六陽之首，周身之主，五官百骸，莫不體此為向背。」所謂「虛領頂勁」「頭頂懸」「提頂」「吊頂」等說法，都是陳式太極拳對頭部提出的嚴格要求。

練拳時，首先要注意頭部姿勢正確，頭向上頂的同時，又以領、懸、提來具體限制，避免了由「頂」而引起的頸部和面部肌肉僵硬，東偏西歪或前俯後仰，使頭頸失去靈活性而導致全身僵硬。

頭頸動作要隨著身體姿勢和動作方向的變換而變化，與身體的旋轉、手腿的開合要連貫協調。面部要自然，下頜微向內收，口自然閉合，舌尖輕抵上頜。下頜內收從健身的角度說，內則易貫通內氣，外則姿勢端正優美；從技擊角度說，利於對喉頭的保護。

眼神要隨著身體的轉動平視及遠，練習

中，某手為主，眼神專注於該手，耳聽身後，兼顧左右，既不可皺眉努目，也不要隨意閉眼或精神渙散。

練拳時神態力求自然，注意力集中，心裡和面部不可有絲毫急躁的表現。

（二）軀幹部

胸——陳式太極拳對胸部的要求是要含、虛、鬆。避免胸部外挺和過分內縮，這樣可以自然形成腹式呼吸，使呼吸深、勻、細、長，自然舒暢。從技擊角度理解，胸部虛含，鎖骨和肋骨自然鬆沉，可以使上肢虛靈而身體重心下降，於走化和發勁大有益處。

背——陳式太極拳對背部的要求是要鬆沉，同時用中氣貫注。練拳時，背部肌肉要注意舒展並向下鬆沉，這樣利於含胸的形成。同時，根據脊椎生理狀態，隨屈就伸，保持背部的相對端正，以利於氣血的通暢，做到「牽動往來氣順從」，使力由脊而發。

腰脊——人體無論行走坐臥，要想保持正確的姿勢，腰脊有著主要作用。在練拳過程

中，要求身端步穩，八面支撐，不偏不倚，因此，腰部的作用更加重要，故有「腰脊為第一主宰」之說。

陳式太極拳對腰部的要求是塌腰、活腰和擰腰。塌，就是腰部椎弓按生理特性，略向內收下沉，這樣配合著含胸可使心氣下降，下盤穩固。練拳時應注意腰脊的直豎，就是所謂的「直腰」，意在使腰部的生理彎度減小而和襠部有機配合，此時活腰或擰腰，產生出周身協調的整體勁，使腰在走化和發放的過程中更好地體現出「車軸」的功用。

腹——陳式太極拳對腹部的要求是合，就是在含胸的同時，腹內鬆靜，中氣貫注向前合住。腹部為丹田所在地，而丹田則是中氣歸宿之地。練拳時周身之勁皆起於丹田又歸於丹田，腹部向前虛虛合住，有利於中氣出入丹田和任脈的通暢，是謂「中氣存於中，虛靈含於內」。

臀——陳式太極拳對臀部的要求是泛，即翻起之意，就是在含胸、塌腰、鬆胯、圓襠的配合下，臀部向後微翻，這樣中氣貫於腰脊，有利腰襠勁的發放。如臀部不泛，不僅前襠合

不住，上體以及全身都扣合不住。但泛臀絕對不是挺胸凸臀，而是塌腰、圓襠、鬆胯和合膝的必然結果，前襠合好，後臀自然能泛起。

（三）上肢部

肩肘——陳式太極拳要求鬆肩沉肘。鬆肩就是兩肩關節向下、向外鬆開，以利內勁通暢，旋轉靈活。沉肘就是肘部向下、向內垂，這樣既利於手臂旋轉靈活，又能有著護肋的作用。只有真正做到鬆肩沉肘，手臂的往來、屈伸和旋轉才能輕而不浮，沉而不僵，通暢自如，隨心所欲。

腕——陳式太極拳根據實用的需要，在不同的條件下要求腕部豎、坐、折、轉、直等，既靈活善變，又柔韌有力。拳架裡，如懶扎衣須豎腕，單鞭須坐腕，三換掌須折腕，倒卷肱須轉腕，當頭炮等發彈抖勁的動作須直腕。梢節的走化和發放腕部的作用至關重要，練拳時不可忽視腕部動作的正確性。

手——手部分拳、掌、勾三種手型。

拳的握法是四指併攏卷握，指尖貼於掌

心，拇指彎曲貼於食指和中指的第二指節。蓄勁時虛握拳，發勁時握實拳，使其根在足，行於腿，主宰於腰脊，通於肩臂之力，瞬間直腕而達於拳面，周身之力完整一氣。

陳式太極拳的掌型瓦攏狀，稱為瓦攏掌。

練習時要求五指展開微向後仰，然後拇指根和小指根略向裡合即可。運勁時掌心要實，纏絲勁在掌上的具體表現有：拇指領勁向外按，內勁由拇指到食指、中指依次貫注五指稍為逆纏絲；小指領勁向裡合，內勁由小指至無名指依次貫注五指尖為順纏絲。

勾——五指輕輕合攏，腕部微屈放鬆即可。腕部自然放鬆，以免形成死彎，使臂部僵直而失去靈活性。勾手可叼可勾，結合腕部旋轉動作是化解擒拿術的重要手法。

以上對周身各部位的要求，貫穿於整個陳式太極拳架之中。練拳時各個部位相互依存、相互聯繫又相互制約，不可分割或刻意追求某種所謂的特技。任何一個部位姿勢的正確與否都會影響整體身法的質量，只有經過長期認真而刻苦的練習，才能逐步達到一動全動、連貫圓活、上下相隨、周身一家的境界。

（四）下肢部

在練拳過程中，每招每勢的起落轉換進退，勁力的走化和發放，都以腿部為根基。拳論所謂「其根在腳，發於腿」「有不得勁之處……必腰腿求之」和「靈不靈在於步，活不活在於步」等，都是強調下肢的重要性。

襠——陳式太極拳對襠的要求是鬆、合、扣，須在圓虛的基礎上完成。具體要求柔勁時鬆襠活腰，不鬆則勁滯；發勁時扣襠擰腰，不扣則勁散；蓄勁時合襠塌腰，不合則勁浮。

胯——練拳時腰部的左右旋轉和腿部的虛實轉換，都依賴胯關節來完成，所以陳式太極拳對胯提出了鬆和開的要求。練拳時如果兩個胯關節不鬆活，死死頂住骨盆，勢必影響腰的車軸功用。鬆胯應和屈膝、鬆肩、含胸以及腰部變化有機地結合起來，方能使整個身法中正安舒。

膝——整個拳架身法的調整、步法的變化都離不開膝部的配合。陳式太極拳要求膝部始終保持一定程度的彎曲，因為和胯的關係密

切，常和鬆胯一起提出。

下大步法時以膝不出足尖為度，以免破壞身法的中正和穩固。在技擊上陳式太極拳對膝部有獨特的要求和訓練方法。

足——陳式太極拳要求足踏實地，足趾、足掌和足後跟抓地，足心（湧泉）要虛，前進時先意到後提腿，鬆靈自然，步法清晰，沉著穩健；後退時足尖先著地，再逐漸踏實；向左右開步時，足跟內側著地，足尖上翹裡合，凡動步都要配合全身的螺旋纏絲勁。技擊時的套、插、勾、掛、踢、蹬、踹、踩、擺等技法，都是足部力點轉換時的不同功用。

三、練習步驟和方法

（一）熟練套路　明確姿勢

　　套路是指陳式太極拳的整套動作，姿勢是指每勢的動作結構。初學拳時，首先要注意每招每勢的運行路線、順序、方位和角度，身法中正，頭部自然端正，對步法有基本的了解，如做好弓步、虛步、開步和收步等，同時適當注意每招每勢的規範。

　　練拳時排除一切內外干擾，保持思想上的清靜，動寓靜之內，靜寓動之中。

（二）調整身法　周身放鬆

　　力求身體各個部位的姿勢符合陳式太極拳的要求，調整好身法。同時從「鬆」著手，處處放鬆開張，可選練某些拳勢，如「金剛搗碓」「掩手肱拳」「擺腳跌叉」等，在放鬆的前提下，重震腳，快發拳，以達到伸筋拔骨的

效果。

這一階段由於腿的支撐力不夠和放鬆做得不好，易出現身法不中正、橫氣填胸和挑肩架肘等毛病，透過增加練拳次數和放低步法來加大運動量，同時對每招每勢糾正調整，注重放鬆，經過3～4個月的練習，體內會出現內氣活動的感覺，即可進入第三階段的練習。

（三）疏通經絡　引動內氣

經過「調整身法，周身放鬆」的練習後，這一階段應注意意念引導動作的練習。每招每勢先意念後動作，先內後外，在大腦意識的指揮下，以意運形，使內氣節節貫穿，連綿不斷，逐漸產生有規律的鼓蕩，達到一氣貫通。

練拳速度宜慢不宜快，以保持內氣與動作的協調一致以及拳架的正確性。

（四）形氣結合　如環無端

所謂「形」是指形體，就是拳勢動作的外在表現；「氣」指內氣。這一階段要注意意念

與形體姿勢的結合，做到心到、意到、氣到、形到，使內氣一氣貫穿。

如果出現了妨礙內氣通暢的身慢、手快、眼不隨等不協調的毛病，就要從整體上去調整，尤其從腰襠處找根源。

（五）周身協調　內外一致

在此階段，每天堅持演練拳架以外，可練習推手，體會拳中各種勁別，提高沾黏連隨的水準；練習炮捶和單勢，增加耐力和爆發力；練習各種太極器械，檢驗手、眼、身法、步的協調，逐漸做到不假思索，不犯疑意，不期而然，內外一致，周身相隨，掌握太極拳的運動規律。

這時，已經具備了自我糾正能力，應繼續深入研究，苦練體悟。正如太極名家陳鑫所說：「理不明，延明師；路不清，訪良友；理明路清，而猶未能，再加終日乾乾之功，進而不止，日久自到。」

（六）穩固根基　充實內氣

所謂「穩固根基，充實內氣」，是指在上一階段的基礎上，進一步穩固下盤，以促進內氣的充實和飽滿。由第五階段的練習，雖然周身相隨協調，內外結合一致，但在動作加速疾變或快慢相間時，動作和呼吸的配合就難免不協調。

在此階段，隨著練拳質量的提升，要使意識、動作和呼吸在每一拳勢中都能嚴密配合，就要加強輔助功法的練習，如增加站樁時間、抖大杆子、單勢發勁等。

（七）觸覺靈敏　知己知彼

這一階段主要是練習全身空靈，身體皮膚感受的靈敏性，就是自身受到外界影響時的反應能力。要練好這種功夫，必須以充實的內氣為基礎，使內氣充盈丹田，貫注全身，內至臟腑經絡，外至肌膚毫毛，如電充身，極其靈敏，才能做到急應緩隨，隨心所欲。練拳時功

應內收，練拳速度相對放慢。

　　陳式太極拳「學時宜慢，慢不宜痴呆；習而後快，快不可錯亂；快後復緩，是為柔，柔久剛自在其中，是為剛柔相濟」。這正是快後復緩大圈到中圈的練習過程（圈為傳統的說法，意為拳架由開展向緊湊過渡）。

（八）得機得勢　捨己從人

　　「得機」是利用最恰當的時機；「得勢」是己順人背；「捨己從人」是順從對方，不頂不抗。這一階段是收中圈到小圈的練習，要求輕鬆自然，行雲流水，勁由內換，內勁綿綿不斷遍布全身，手指發麻，肌膚發脹，腳跟發重，頭頂發懸，丹田發沉，膀胱發熱。

　　對敵時能得機得勢，捨己從人，以得人為準，以不見形為妙。

陳式太極拳十三式
動作圖解

一、說明

（一）為了表述清楚，圖像和文字對動作作了分解說明，打拳時應力求連貫銜接。

（二）在文字說明中，除特殊註明外，不論先寫或後寫身體的某一部分，各運動部位都要同時協調活動，不要先後割裂。

（三）方向轉變以人體為準標明前、後、左、右。

（四）圖上的線條是代表從這一動作到下一動作經過的路線和部位。左手左腳為虛線（┈┈┈▶），右手右腳為實線（───▶）。個別動作的線條受角度、方向等限制，可能不夠詳盡，應以文字說明為準。

（五）某些背向、側向動作，增加了附圖，以便對照。

二、動作名稱

第一式　太極起勢
第二式　金剛搗碓
第三式　懶扎衣
第四式　六封四閉
第五式　單鞭
第六式　白鵝亮翅
第七式　斜形
第八式　摟膝拗步
第九式　掩手肱拳
第十式　倒卷肱
第十一式　轉身擺蓮
第十二式　當頭炮
第十三式　金剛搗碓

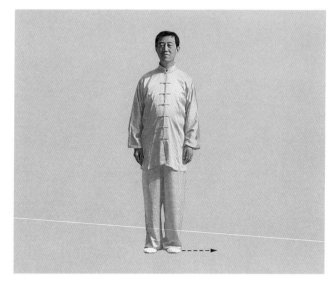

圖 1

三、動作圖解

第一式　太極起勢

動作一：

　　兩腳併立，成立正姿勢。兩臂下垂於身體
兩側，手心向內。頭正，唇齒微合，舌尖輕抵
上腭，下頜內收。兩目平視（圖1）。

圖2

動作二：

屈膝鬆胯，放鬆下沉，重心略右移。提左
腳向左橫開半步，比肩略寬，腳尖微外擺，腳
趾、腳掌外沿和腳後跟皆抓地，湧泉穴要虛。
含胸塌腰，立身中正，虛領頂勁。兩目平視
（圖2）。

圖3 圖4

動作三：

　　兩手緩緩上升與肩平，手心向下，鬆肩沉肘，身體慢慢下降，兩手下按至腹前。兩目平視（圖3、4）。

【要點】：

　　心靜體鬆，身法中正，身體下沉時猶如坐凳子，切忌彎腰凸臀。

圖5　　　　　　　圖6

第二式　金剛搗碓

動作一：

身體微左轉，重心右移。兩手左逆右順纏絲，走弧形向左前上方掤出，左手掤至左膝上方，高與眼平，手心向外；右手掤至胸前中線，手心向上。接著身體右轉 90°，重心移至左腿，右腳尖外擺。同時，兩手右逆左順向右後捋。目視左前方（圖5、6）。

圖 7　　　　　　　　圖 8

動作二：

　　重心右移，身體微右轉下沉，左腿裡合提
起。同時，兩手上掤，掤勁不丟。左腳跟內側
向左前方鏟出。目視左前方（圖7、8）。

圖 9

動作三：

重心左移，左腳尖外擺踏實，身體左轉約
45°。同時，兩手左逆右順纏絲，走下弧向前
掤出，左手掤至胸前；右手下沉至右膝關節內
側上方（圖 9）。

圖 10

動作四：

　　左手向前撩掌，向上、向裡環繞合於胸
前，手心朝下；右手弧形向前上托掌至右胸
前，與左手相合，左手位於右前臂內側。同
時，右腳經左腳內側向前上步，腳尖點地，重
心在左腿。目視前方（圖 10）。

圖 11

動作五：

　　左手順纏外翻下沉至腹前，手心朝上；同時，右手握拳下沉落於左掌心上（圖11）。

圖 12

動作六：

右拳逆纏向上提起，高與肩平。同時，右
腿屈膝提起，右腳懸於襠內，腳尖自然下垂
（圖 12）。

圖 13

動作七：

右腳震腳落地，兩腳距離與肩同寬。同時，右拳下沉落於左掌心上，兩臂掤圓。目視前方（圖 13）。

【要點】：

向前出左腿時，雙手掤勁不丟，向右後偏上引帶，上下協調自然，體現出上引下進的技擊特點。定勢時要雙臂掤圓，不可貼緊身體。

圖 14

第三式　懶扎衣

動作一：

　　身體微左轉，重心右移。同時，右拳變掌
逆纏上掤於右額前，手心向外；左手逆纏下按
於左胯旁，手心向下（圖 14）。

圖 15

動作二：

右手順纏畫弧下沉；左手順纏弧形向上，
雙手交叉合於胸前，左手在內，手心朝外；右
手在外，手心朝上。同時，重心左移，提起右
腿向右橫開一步，腳跟內側著地鏟出，腳尖上
翹裡合。目視右前方（圖15）。

圖 16

動作三：

身體微左轉，重心右移。同時，右手微順
纏上掤（圖16）。

圖 17

動作四：

身體右轉，重心微向左移。同時，右手逆纏向右開至右膝上方；左手逆纏至身體左側，拇指在體後叉腰。眼隨右手轉視前方（圖17）。

【要點】：

開右手時，以腰帶動，以腰催肩，以肩催肘，節節貫穿，貫注於指端。定勢時要鬆肩沉肘，含胸塌腰，鬆胯圓襠，形成整體的鬆沉勁。

圖 18

第四式 六封四閉

動作一：

　　身體略右轉，重心微向右移。同時，左手
從左腰間走上弧與右手相合，兩手心均向外
（圖 18）。

圖 19

動作二：

身體略左轉，重心左移。同時，兩手左逆
右順纏絲自右向左下将。目視右前方（圖
19）。

圖 20

動作三：

身體繼續左轉，重心右移。同時，兩手左
順右逆纏絲向左側上方捋帶，合於左肩前（圖
20）。

圖 21

動作四：

身體略右轉下沉。兩手合力走弧形向右前下方按出。同時，左腳收於右腳內側約距 20公分，腳尖點地。目視右前下方（圖 21）。

【要點】：

捋帶時掤勁不丟走弧形；下按走弧形要鬆肩沉肘，塌腰鬆胯，身體下沉，兩手合住勁下按。

圖 22

第五式　單　鞭

動作一：

身體微右轉。同時，兩手雙順纏絲，左前
右後旋轉，手心向上（圖 22）。

圖23

動作二：

　　身體微左轉。同時，右手逆纏五指合攏變
勾手弧形向上，腕部領勁上提，高與肩平；左
手心朝上，隨身體轉動下沉於腹前。目視右手
（圖23）。

圖 24

動作三：

身體略右轉，重心移至右腿。同時，左腿屈膝鬆胯提起（圖 24）。

圖 25

動作四：

左腳跟內側著地向左鏟地滑出，腳尖上翹
裡合。目視左側偏前（圖25）。

圖 26

動作五：

　　身體微右轉，重心左移。同時，左手向右
引勁，穿掌上掤外翻（圖 26）。

圖 27

動作六：

身體微左轉。同時，左手逆纏外開至左腿上方，再變順纏放鬆下沉。目光隨左手向左平視，定勢時目視前方（圖 27）。

【要點】：

定勢時要調整身法，在做到外三合（肩與胯合、肘與膝合、手與腳合）的同時，也必須注意內三合的練習和體會（心與意合、氣與力合、筋與骨合）。

圖28

第六式　白鵝亮翅

動作一：

身體左轉約 90°，重心右移。左腳尖外擺。同時，雙手以掌順纏，左上右下相合於胸腹前，左手心向右，右手心向左上（圖28）。

圖 29

動作二：

　　重心左移。同時，提右腳向右前方約 45°
上步。目視右前方（圖 29）。

圖 30　　　　　　　附圖 30

動作三：

　　身體微左轉，重心右移。同時，雙手合住勁向左引勁（圖 30、附圖 30）。

圖 31　　　　　　　　　附圖 31

動作四：

身體右轉。左腳收至右腳內側偏前，腳尖
點地。同時，雙手逆纏分開，左手下按於左胯
旁，右手上掤於右上方。目視前方（圖31、
附圖31）。

【要點】：

以腰帶動，手合腳分，手分腳合，舒緩沉
穩，協調自然。

圖 32   圖 33

第七式　斜　形

動作一：

身體微左轉再右轉約 90°，重心先移至左
腳，待轉體 90°完成後再移至右腳。同時，
雙手左逆右順以右手向上領勁，隨著轉體左手
順纏至面前立掌，略高於肩；右手逆纏下按於
右胯旁。目視前方（圖 32、33）。

圖 34

動作二：

雙手向右上加掤勁推出。同時，提起左
腿，重心在右腿，屈膝支撐（圖 34）。

圖 35

動作三：

　　左腿向左前方約 45°上步，重心仍在右
腿。同時，雙手掤勁不丟。目視左前方（圖
35）。

圖36

動作四：

重心左移，身體左轉。同時，左手逆纏隨
轉體走下弧至左膝外側；右手順纏至右胸前
（圖36）。

圖 37

動作五：

　　端正身體。同時，左手變勾上提至與肩平；右手立掌合於胸前，接著身體右轉，右手逆纏弧形向右展開。目視前方（圖37、38）。

圖 38

【要點】：

動作四不能用彎腰低頭來完成，應屈膝鬆
胯，放鬆下沉。同時頂勁領起，使下盤穩固，
上肢輕靈。定勢時右手微順纏下沉（謂之坐
腕），勁貫梢節，虛領頂勁，身體中正，八面
支撐。

圖 39

第八式　摟膝拗步

動作一：

　　身體下沉。同時，雙手順纏向下合於左膝
上（圖 39）。

圖 40

動作二：

　　雙手領勁上掤，左手在前，右手在後，立
掌於胸前。同時，重心移至右腳，左腳收至右
腳左前方，腳尖點地。目視前方（圖 40）。

圖 41

動作三：

　　身體微右轉。雙手逆纏向右下捋。同時，
左腿屈膝鬆胯提起（圖 41）。

圖 42

動作四：

身體微左轉。左腿向左上一步，腳跟著
地，腳尖上翹。同時，兩手左逆右順纏絲向
上、向前掤出。目視左側（圖 42）。

圖 43

動作五：

身體左轉。重心移至左腿，提起右腿向前
上步。同時，左手逆纏向後下按；右手逆纏向
前掤推。目視前方（圖43）。

圖 44

動作六：

身體右轉。重心移至右腿，右腳尖外擺踏
實；提左腿向左前方上步。同時，右手逆纏下
沉；左手先順後逆走上弧，與右手交叉相合於
胸前。目視前方（圖 44）。

【要點】：拗步動作連上三步，要求輕
靈、穩健、順遂、協調。上步時應先穩定重
心，身體下沉，以膝領勁提起虛腿，弧形向實
腿靠攏，再弧形向前以腳跟著地；提腿時胸膝
相合，切忌身體上拔後仰。

圖 45

第九式　掩手肱拳

動作一：

身體略右轉，重心左移。同時，雙手逆纏
向下左右分開（圖 45）。

圖 46

動作二：

　　身體右轉，重心右移。同時，左手微順纏
向前立掌，合於胸前；右手順纏上翻變拳，收
於右腰間，拳心向上。目視前方（圖46）。

圖 47

動作三：

蹬右腿，鬆左胯。身體迅速左轉，重心左移。同時，右拳逆纏螺旋前沖發勁；左肘向後放勁。目視右拳（圖47）。

【要點】：

發勁時蹬腿、扣襠、擰腰，勁起於腳，主宰於腰，通肩肘而達於手指，節節貫穿，完整一氣。

圖 48

第十式　倒卷肱

動作一：

　　身體右轉，重心右移。同時，左掌先逆後微順纏向前推出；右拳變掌，先順後逆纏弧形向後捋。目視前方（圖 48）。

圖 49

動作二：

　　身體微左轉，重心右移。右膝裡合，腳尖
內扣。同時，右手順纏向上合於右耳旁（圖
49）。

圖 50

動作三：

左腳經右腳內側弧形向左後方退步，重心
在右腿。同時，左手順纏再變逆纏隨退步向後
下捋；右手前推在胸前，與左手相合再微順纏
繼續前推。目視前方（圖 50）。

圖 51　　　　　　　　圖 52

動作四：

動作運行同動作二、動作三，惟方向相反
（圖 51、52）。

圖 53

動作五：

動作運行同動作二、動作三（圖 53、
54）。

圖 54

【要點】：

退步時要輕靈、協調，要穩定重心，身體下沉，虛腿先弧形向實腿靠攏，再弧形向後退。

圖 55

第十一式　轉身擺蓮

動作一：

　　重心右移，身體右轉約 90°。右腳尖外擺；左腿抬起向前上步。同時，左手順纏向前；右手逆纏向右，雙手合住勁。目視右側（圖 55）。

圖 56

動作二：

重心右移，身體右轉約 90°。右腳尖外
擺，隨轉體屈膝鬆胯提起左腿。同時，雙手合
住勁向右後将（圖 56）。

圖 57

動作三：

左腿以腳跟內側著地向前鏟地滑出。同
時，雙手向右後加掤勁。目視前方（圖57）。

圖 58

動作四：

身體微右轉，重心移至左腳。同時，雙手
左逆右順下沉（圖 58）。

圖 59

動作五：

提起右腿向左走下弧向上、向右擺動。同時，雙手左先右後依次向前迎擊右腳面。目視前方（圖 59、60）。

圖 60

【要點】：

　　重心穩定，放鬆下沉，身體不得在拍擊擺腳時上拔而左腳跟離地。右腳外擺雙手迎擊，聲音清脆連響。

圖 61

第十二式　當頭炮

動作一：

右腿順勢落於右後方，重心在左腿。同時，雙手順勢前掤（圖 61）。

圖 62

動作二：

身體微右轉，重心移於右腳。同時，雙掌
變拳隨重心後移弧形後将，雙拳合於右腰側。
目視前方（圖 62）。

圖 63

動作三：

右腳蹬地，重心迅速左移，身體左轉。同時，雙拳合力向前沖拳發勁。目視前方（圖63）。

【要點】：

右腳蹬地，屈膝沉胯，迅速轉腰，心意一動，猝然抖發。

圖64

第十三式　金剛搗碓

動作一：

身體略右轉，重心右移。同時，雙拳變掌左順右逆纏絲向右後上方弧形捋帶。目視前方（圖64）。

圖 65

動作二:

重心左移。同時,兩手左逆右順纏絲,走
下弧向前掤出,左手掤至胸前;右手下沉至右
膝關節內側上方(圖65)。

圖 66

動作三：

右腳經左腳內側向前上步，腳尖點地，重心在左腿。同時，左手向前撩掌，向上、向裡環繞合於胸前，手心朝下；右手弧形向前上托掌於右胸前，與左手相合，左手位於右前臂內側。目視前方（圖66）。

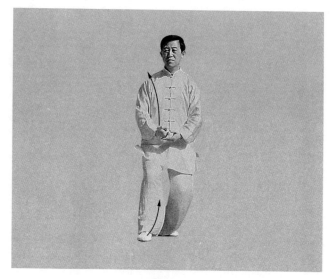

圖67

動作四：

　左手順纏外翻下沉至腹前，手心朝上；同
時，右手握拳下沉落於左掌心上（圖67）。

圖 68

動作五：

右拳逆纏向上提起，高與肩平。同時，右
腿屈膝提起，右腳懸於襠內，腳尖自然下垂
（圖 68）。

圖 69

動作六：

右腳震腳落地，與肩同寬。同時，右拳下
沉落於左掌心，兩臂掤圓。目視前方（圖
69）。

【要點】：

右拳、右腿提起時上下協調自然，定勢時
雙臂掤圓，不可貼緊身體。

圖 70　　　　　　　　圖 71

動作七：

右拳變掌，雙手向左右下分，再微順纏向
上。目視前方（圖 70、71）。

圖 72　　　　　　　圖 73

動作八：

　　兩掌在體前上方合住勁向下按，緩緩落於
大腿外側。目視前方（圖72、73）。

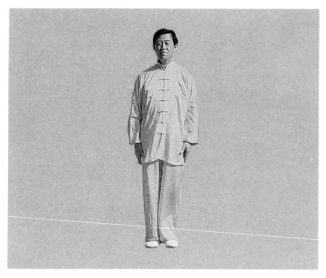

圖74

動作九：

身體慢慢恢復成自然站立。同時，左腳收於右腳內側成立正姿勢。目視前方（圖74）。

【要點】：

動作七～九為收勢動作，應周身放鬆，意形歸原，如拳譜云：「開合剛柔順自然，一揚一抑理循環。一足收勢氣歸原，動靜形消太極拳。」

四、連續動作演示圖

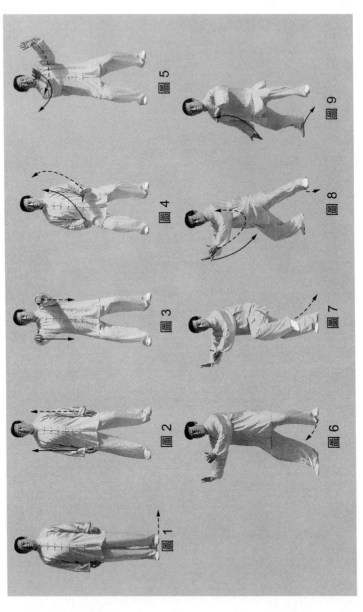

圖1　圖2　圖3　圖4　圖5

圖6　圖7　圖8　圖9

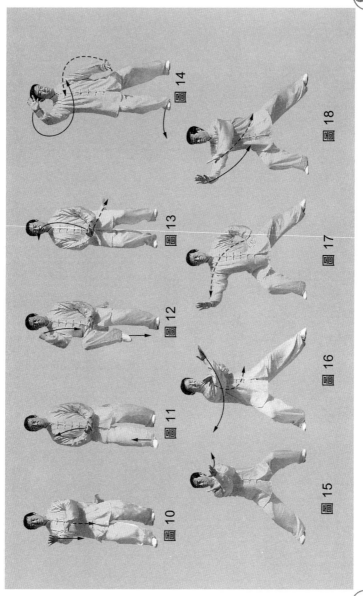

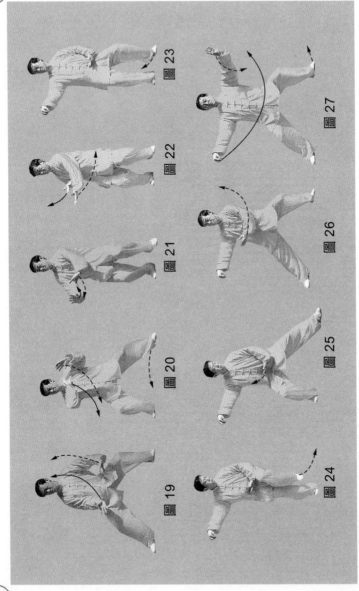

圖 28

圖 29

圖 30

附圖 30

圖 31

圖 32

圖 33

圖 34

圖 35

附圖 31

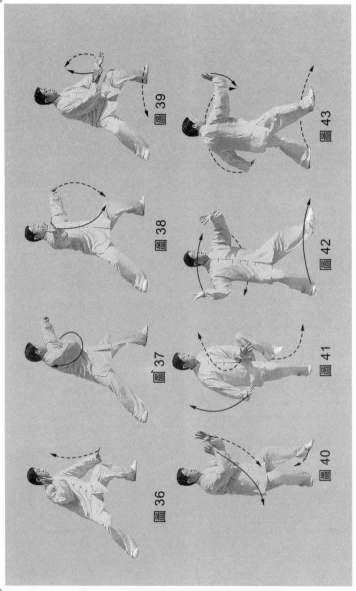

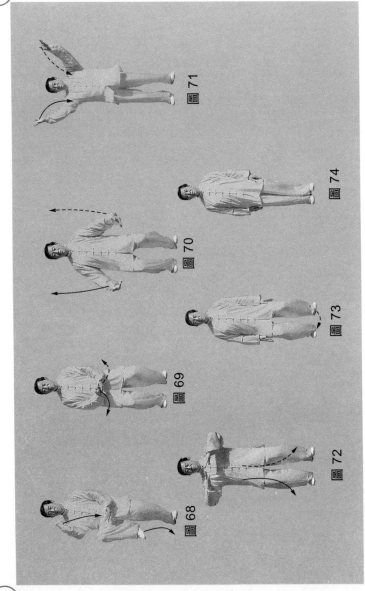

图 71

图 74

图 70

图 73

图 69

图 72

图 68

五、動作路線示意圖

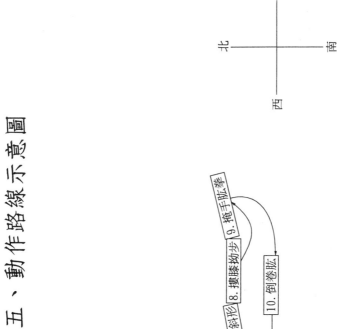

1. 太極起勢
2. 金剛搗碓
3. 懶扎衣
4. 六封四閉
5. 單鞭
6. 白鵝亮翅
7. 斜形
8. 摟膝拗步
9. 掩手肱拳
10. 倒卷肱
11. 轉身擺蓮
12. 當頭炮
13. 金剛搗碓

北
東
南
西

大展出版社有限公司
品冠文化出版社

圖書目錄

地址：台北市北投區(石牌)　　電話：(02)28236031
　　　致遠一路二段12巷1號　　　　　28236033
郵撥：01669551＜大展＞　　　　　　28233123
　　　19346241＜品冠＞　　傳真：(02)28272069

・少 年 偵 探・ 品冠編號 66

1.	怪盜二十面相	（精）	江戶川亂步著	特價 189 元
2.	少年偵探團	（精）	江戶川亂步著	特價 189 元
3.	妖怪博士	（精）	江戶川亂步著	特價 189 元
4.	大金塊	（精）	江戶川亂步著	特價 230 元
5.	青銅魔人	（精）	江戶川亂步著	特價 230 元
6.	地底魔術王	（精）	江戶川亂步著	特價 230 元
7.	透明怪人	（精）	江戶川亂步著	特價 230 元
8.	怪人四十面相	（精）	江戶川亂步著	特價 230 元
9.	宇宙怪人	（精）	江戶川亂步著	特價 230 元
10.	恐怖的鐵塔王國	（精）	江戶川亂步著	特價 230 元
11.	灰色巨人	（精）	江戶川亂步著	特價 230 元
12.	海底魔術師	（精）	江戶川亂步著	特價 230 元
13.	黃金豹	（精）	江戶川亂步著	特價 230 元
14.	魔法博士	（精）	江戶川亂步著	特價 230 元
15.	馬戲怪人	（精）	江戶川亂步著	特價 230 元
16.	魔人銅鑼	（精）	江戶川亂步著	特價 230 元
17.	魔法人偶	（精）	江戶川亂步著	特價 230 元
18.	奇面城的秘密	（精）	江戶川亂步著	特價 230 元
19.	夜光人	（精）	江戶川亂步著	特價 230 元
20.	塔上的魔術師	（精）	江戶川亂步著	特價 230 元
21.	鐵人Q	（精）	江戶川亂步著	特價 230 元
22.	假面恐怖王	（精）	江戶川亂步著	特價 230 元
23.	電人M	（精）	江戶川亂步著	特價 230 元
24.	二十面相的詛咒	（精）	江戶川亂步著	特價 230 元
25.	飛天二十面相	（精）	江戶川亂步著	特價 230 元
26.	黃金怪獸	（精）	江戶川亂步著	特價 230 元

・生 活 廣 場・ 品冠編號 61

1.	366 天誕生星	李芳黛譯	280 元
2.	366 天誕生花與誕生石	李芳黛譯	280 元
3.	科學命相	淺野八郎著	220 元

·女醫師系列· 品冠編號 62

·傳統民俗療法· 品冠編號 63

·常見病藥膳調養叢書· 品冠編號 631

1. 脂肪肝四季飲食　　　　　　　蕭守貴著　200元
2. 高血壓四季飲食　　　　　　　秦玖剛著　200元
3. 慢性腎炎四季飲食　　　　　　魏從強著　200元
4. 高脂血症四季飲食　　　　　　　薛輝著　200元
5. 慢性胃炎四季飲食　　　　　　馬秉祥著　200元
6. 糖尿病四季飲食　　　　　　　王耀獻著　200元
7. 癌症四季飲食　　　　　　　　　李忠著　200元

・彩色圖解保健・ 品冠編號 64

1. 瘦身　　　　　　　　　　　主婦之友社　300元
2. 腰痛　　　　　　　　　　　主婦之友社　300元
3. 肩膀痠痛　　　　　　　　　主婦之友社　300元
4. 腰、膝、腳的疼痛　　　　　主婦之友社　300元
5. 壓力、精神疲勞　　　　　　主婦之友社　300元
6. 眼睛疲勞、視力減退　　　　主婦之友社　300元

・心 想 事 成・ 品冠編號 65

1. 魔法愛情點心　　　　　　　結城莫拉著　120元
2. 可愛手工飾品　　　　　　　結城莫拉著　120元
3. 可愛打扮 & 髮型　　　　　　結城莫拉著　120元
4. 撲克牌算命　　　　　　　　結城莫拉著　120元

・熱 門 新 知・ 品冠編號 67

1. 圖解基因與 DNA　　（精）　中原英臣 主編 230元
2. 圖解人體的神奇　　（精）　米山公啟 主編 230元
3. 圖解腦與心的構造　（精）　永田和哉 主編 230元
4. 圖解科學的神奇　　（精）　鳥海光弘 主編 230元
5. 圖解數學的神奇　　（精）　柳 谷 晃　著 250元
6. 圖解基因操作　　　（精）　海老原充 主編 230元
7. 圖解後基因組　　　（精）　才園哲人　著 230元

・法律專欄連載・ 大展編號 58

台大法學院　　　法律學系／策劃
　　　　　　　　　法律服務社／編著

1. 別讓您的權利睡著了(1)　　　　　　　200元
2. 別讓您的權利睡著了(2)　　　　　　　200元

・武 術 特 輯・ 大展編號 10

1. 陳式太極拳入門　　　　　　馮志強編著　180元

46. <珍貴本>陳式太極拳精選　　　　馮志強著　280元
47. 武當趙保太極拳小架　　　　　　鄭悟清傳授　250元
48. 太極拳習練知識問答　　　　　　邱丕相主編　220元
49. 八法拳　八法槍　　　　　　　　武世俊著　220元
50. 地趟拳＋VCD　　　　　　　　　張憲政著　350元
51. 四十八式太極拳＋VCD　　　　　楊　靜演示　400元
52. 三十二式太極劍＋VCD　　　　　楊　靜演示　350元
53. 隨曲就伸　中國太極拳名家對話錄　余功保著　300元
54. 陳式太極拳五動八法十三勢　　　闞桂香著　200元

・彩色圖解太極武術・ 大展編號 102

1. 太極功夫扇　　　　　　　　　　李德印編著　220元
2. 武當太極劍　　　　　　　　　　李德印編著　220元
3. 楊式太極劍　　　　　　　　　　李德印編著　220元
4. 楊式太極刀　　　　　　　　　　王志遠著　220元
5. 二十四式太極拳(楊式)＋VCD　　李德印編著　350元
6. 三十二式太極劍(楊式)＋VCD　　李德印編著　350元
7. 四十二式太極劍＋VCD　　　　　李德印編著
8. 四十二式太極拳＋VCD　　　　　李德印編著

・國際武術競賽套路・ 大展編號 103

1. 長拳　　　　　　　　　　　　　李巧玲執筆　220元
2. 劍術　　　　　　　　　　　　　程慧琨執筆　220元
3. 刀術　　　　　　　　　　　　　劉同為執筆　220元
4. 槍術　　　　　　　　　　　　　張躍寧執筆　220元
5. 棍術　　　　　　　　　　　　　殷玉柱執筆　220元

・簡化太極拳・ 大展編號 104

1. 陳式太極拳十三式　　　　　　　陳正雷編著　200元
2. 楊式太極拳十三式　　　　　　　楊振鐸編著　200元
3. 吳式太極拳十三式　　　　　　　李秉慈編著　200元
4. 武式太極拳十三式　　　　　　　喬松茂編著　200元
5. 孫式太極拳十三式　　　　　　　孫劍雲編著　200元
6. 趙堡式太極拳十三式　　　　　　王海洲編著　200元

・中國當代太極拳名家名著・ 大展編號 106

1. 太極拳規範教程　　　　　　　　李德印著　550元
2. 吳式太極拳詮真　　　　　　　　王培生著　500元
3. 武式太極拳詮真　　　　　　　　喬松茂著

6. 少林金剛硬氣功	楊維編著	250 元
7. 少林棍法大全	德虔、素法編著	250 元
8. 少林看家拳	德虔、素法編著	250 元
9. 少林正宗七十二藝	德虔、素法編著	280 元
10. 少林瘋魔棍闡宗	馬德著	250 元

·原地太極拳系列· 大展編號 11

1. 原地綜合太極拳 24 式	胡啟賢創編	220 元
2. 原地活步太極拳 42 式	胡啟賢創編	200 元
3. 原地簡化太極拳 24 式	胡啟賢創編	200 元
4. 原地太極拳 12 式	胡啟賢創編	200 元
5. 原地青少年太極拳 22 式	胡啟賢創編	220 元

· 道 學 文 化 · 大展編號 12

1. 道在養生：道教長壽術	郝勤等著	250 元
2. 龍虎丹道：道教內丹術	郝勤著	300 元
3. 天上人間：道教神仙譜系	黃德海著	250 元
4. 步罡踏斗：道教祭禮儀典	張澤洪著	250 元
5. 道醫窺秘：道教醫學康復術	王慶餘等著	250 元
6. 勸善成仙：道教生命倫理	李剛著	250 元
7. 洞天福地：道教宮觀勝境	沙銘壽著	250 元
8. 青詞碧簫：道教文學藝術	楊光文等著	250 元
9. 沈博絕麗：道教格言精粹	朱耕發等著	250 元

· 易 學 智 慧 · 大展編號 122

1. 易學與管理	余敦康主編	250 元
2. 易學與養生	劉長林等著	300 元
3. 易學與美學	劉綱紀等著	300 元
4. 易學與科技	董光壁著	280 元
5. 易學與建築	韓增祿著	280 元
6. 易學源流	鄭萬耕著	280 元
7. 易學的思維	傅雲龍等著	250 元
8. 周易與易圖	李申著	250 元
9. 中國佛教與周易	王仲堯著	350 元
10. 易學與儒學	任俊華著	350 元
11. 易學與道教符號揭秘	詹石窗著	350 元

· 神 算 大 師 · 大展編號 123

| 1. 劉伯溫神算兵法 | 應涵編著 | 280 元 |
| 2. 姜太公神算兵法 | 應涵編著 | 280 元 |

3. 鬼谷子神算兵法	應涵編著	280 元
4. 諸葛亮神算兵法	應涵編著	280 元

·秘傳占卜系列· 大展編號 14

1. 手相術	淺野八郎著	180 元
2. 人相術	淺野八郎著	180 元
3. 西洋占星術	淺野八郎著	180 元
4. 中國神奇占卜	淺野八郎著	150 元
5. 夢判斷	淺野八郎著	150 元
6. 前世、來世占卜	淺野八郎著	150 元
7. 法國式血型學	淺野八郎著	150 元
8. 靈感、符咒學	淺野八郎著	150 元
9. 紙牌占卜術	淺野八郎著	150 元
10. ESP 超能力占卜	淺野八郎著	150 元
11. 猶太數的秘術	淺野八郎著	150 元
12. 新心理測驗	淺野八郎著	160 元
13. 塔羅牌預言秘法	淺野八郎著	200 元

·趣味心理講座· 大展編號 15

1. 性格測驗（1） 探索男與女	淺野八郎著	140 元
2. 性格測驗（2） 透視人心奧秘	淺野八郎著	140 元
3. 性格測驗（3） 發現陌生的自己	淺野八郎著	140 元
4. 性格測驗（4） 發現你的真面目	淺野八郎著	140 元
5. 性格測驗（5） 讓你們吃驚	淺野八郎著	140 元
6. 性格測驗（6） 洞穿心理盲點	淺野八郎著	140 元
7. 性格測驗（7） 探索對方心理	淺野八郎著	140 元
8. 性格測驗（8） 由吃認識自己	淺野八郎著	160 元
9. 性格測驗（9） 戀愛知多少	淺野八郎著	160 元
10. 性格測驗（10）由裝扮瞭解人心	淺野八郎著	160 元
11. 性格測驗（11）敲開內心玄機	淺野八郎著	140 元
12. 性格測驗（12）透視你的未來	淺野八郎著	160 元
13. 血型與你的一生	淺野八郎著	160 元
14. 趣味推理遊戲	淺野八郎著	160 元
15. 行為語言解析	淺野八郎著	160 元

·婦 幼 天 地· 大展編號 16

1. 八萬人減肥成果	黃靜香譯	180 元
2. 三分鐘減肥體操	楊鴻儒譯	150 元
3. 窈窕淑女美髮秘訣	柯素娥譯	130 元
4. 使妳更迷人	成 玉譯	130 元
5. 女性的更年期	官舒妍編譯	160 元

國家圖書館出版品預行編目資料

陳式太極拳十三式／陳正雷　編著
　　——初版，——臺北市，大展，2004〔民93〕
　　面；21公分，——（簡化太極拳；1）
　　ISBN 957-468-270-6（平裝）

1.太極拳
528.972　　　　　　　　　　　　　92020157

北京人民體育出版社授權中文繁體字版

陳式太極拳十三式

ISBN 957-468-270-6

編　　著／陳正雷
責任編輯／李彩玲
發 行 人／蔡森明
出 版 者／大展出版社有限公司
社　　址／台北市北投區（石牌）致遠一路2段12巷1號
電　　話／（02）28236031・28236033・28233123
傳　　眞／（02）28272069
郵政劃撥／01669551
網　　址／www.dah-jaan.com.tw
E－mail／dah_jaan@pchome.com.tw
登 記 證／局版臺業字第2171號
承 印 者／高星印刷品行
裝　　訂／協億印製廠股份有限公司
排 版 者／弘益電腦排版有限公司
初版1刷／2004年（民93年）2月

定　價／200元